CÓMO INFLUIR EN LOS JEFES

Paco Muro

CÓMO INFLUIR EN LOS JEFES

10 pasos para trabajar felices y vivir mejor

EMPRESA ACTIVA

Argentina – Chile – Colombia – España
Estados Unidos – México – Perú – Uruguay

1.ª edición: febrero 2025

Plaza de los Reyes Magos, 8, piso 1.° C y D – 28007 Madrid
www.empresaactiva.com
www.edicionesurano.com

ISBN: 978-84-18308-07-9
E-ISBN: 978-84-10495-05-0
Depósito legal: M-26.359-2024

Fotocomposición: Urano World Spain, S.A.U.
Impreso por Romanyà Valls, S.A. – Verdaguer, 1 – 08786 Capellades (Barcelona)

Impreso en España – *Printed in Spain*

ÍNDICE

INTRODUCCIÓN

¡Atención, lo que vas a leer a continuación puede cambiar y mejorar tu vida profesional, incluso te la puede salvar en más de una ocasión! El resultado de aplicar lo que sigue es de una eficacia sorprendente y funciona en una gran mayoría de los casos.

Influir mejor en tus jefes es una habilidad que se puede trabajar, que tiene sus reglas y principios, y, una vez que se descubren, tendrás una revelación acerca de todo un campo de posibilidades para lograr más y vivir mejor en la empresa.

En la relación con tu jefe, ¿te pasan algunas de estas cosas?:

- ¿Te encarga un trabajo sin darte tiempo para terminar el anterior?
- ¿Te controla demasiado o demasiado poco?
- ¿No te da toda la información o formación necesaria para trabajar mejor?
- ¿Tu jefe exige mucho pero cuando le pides medios o tiempo casi nunca te hace caso?
- ¿Te llama exigiendo una respuesta inmediata cuando quiere e incluso te saca de reuniones sin dudar?
- ¿Cuando le planteas un problema que tenéis en el área considera que es simplemente una queja y no te atiende?

- ¿Te suele comentar lo importante con prisas o se detiene en exceso en cualquier detalle secundario?
- ¿Te interrumpe a menudo en tu tarea con cosas urgentes, y luego te pide para ya el trabajo que no te dejó hacer?
- ¿No te da la autonomía suficiente para trabajar?
- ¿Casi nunca acepta las ideas que le planteas para cambiar cosas?
- ¿La mayoría de las veces que te contacta es para algo malo: hacerte una corrección, un problema que ha surgido, algo que va mal... y casi nunca para lo bueno?
- ¿Sientes que no estás entre sus «favoritos»?
- ¿Te cuesta que te dedique tiempo de calidad cuando lo necesitas?
- ¿No valora lo que haces en tu área y da por sentado que es un trabajo con menos mérito del que realmente tiene?
- ¿Cuando le pides explicaciones sobre alguna decisión que no entiendes o compartes te sueles encontrar con una imposición sin más?
- ¿Sientes que no confía ni delega del todo en ti, que podrías hacer mucho más pero no lo sabe o no quiere?
- ¿Si te dieran a elegir entre seguir con tu jefe actual o trabajar con alguien a quien no conoces, sientes que tienes poco que perder con el cambio?

Si has contestado afirmativamente a varias preguntas está claro que hay muchos aspectos mejorables en la relación con tu jefe, y te vendrá estupendamente lo que vamos a ver a continuación.

¿Cómo lograr que mi jefe haga más caso a mis ideas, me dé más apoyo, me aprecie más a nivel profesional, me considere mejor y me dé más veces lo que le pido (cambios, medios, recursos, etc.)? No se trata de esperar a que te toque tener jefes óptimos con quienes tengas una gran sintonía y simpatía, y te hagan todo el caso del mundo solo porque os lleváis bien. Me temo que va a ser difícil que eso pase. Así que, tengas los jefes que tengas, y admitiendo desde ya que no vas a poder cambiar su forma de ser, la oportunidad está en cambiar tu propia manera de interactuar con ellos para conseguir mejorar la relación y alcanzar un alto grado de influencia para que te vaya todo mucho mejor y logres más cosas.

¿Y qué puedes hacer para cambiar eso? Pues mucho más de lo que imaginas y de una forma más sencilla de lo que parece. Voy a compartir varios secretos que he recopilado tras más de treinta años desarrollando a más de cuarenta mil directivos y mandos en multitud de empresas y varios países. Si hubiera sabido estas cosas antes, seguro que me hubiera ido mucho mejor en varias ocasiones clave de mi vida profesional.

Aclaremos algo: no tienes por qué «amar» a tu jefe, no se trata de eso, igual que es perfectamente normal que tu jefe «no te ame» a ti. Ser buen directivo, o buen profesional, no consiste en que te quieran y te adoren, ¡aunque sí en que no te odien ni te rechacen! Tu jefe, como debemos hacer nosotros mismos, tiene que ganarse el respeto y el prestigio de todos por su buen hacer, y lo que debes hacer tú es saber «influir bien en tus jefes» para que se conviertan en tus aliados y colaboradores, tengan la personalidad, el estilo o el nivel de liderazgo que tengan y despierten en ti la simpatía que despierten. Recuerda siempre que:

Se vive mucho mejor y es más fácil llegar a los buenos resultados si tienes a tus jefes de tu lado.

Pero la buena relación profesional con los jefes no es solo cuestión de «química» o de «simpatía»; es también un aspecto de la profesionalidad, de «saber jugar» en el tablero de las jerarquías y los organigramas. Hay que trabajárselo, hay que ganárselo y, en todo caso, aunque esté suficientemente bien, se puede potenciar.

Ten muy presente que, en el trabajo, tu jefe es la persona más importante en quien debes influir. Es la persona que más puede ayudarte..., ¡y quien más puede incordiarte o complicarte la vida! Dirigir a tu jefe no solo es algo posible, sino algo esencial. Al fin y al cabo, cuentas con una importante ventaja a favor: tu jefe es la persona de tu entorno inmediato que más interés tiene en que obtengas magníficos resultados, no por bueno, sino ¡por la cuenta que le trae! Este es un punto que muchos olvidan con demasiada frecuencia y hace que se concentren más en la cara negativa de la relación con su jefe que en las oportunidades que esta premisa ofrece. Recuerda: **tu jefe te necesita, igual que tú necesitas al resto del equipo.** Tu jefe, aunque a veces no lo parezca, tiene un enorme interés en que alcances tus objetivos; es más, probablemente tiene mucho más interés en ello que cualquiera de los amigos, compañeros y las personas que puedas tener a tu cargo. Porque sus resultados dependen de ello, es decir, ¡su cuello o su empresa dependen de que el equipo consiga los resultados exigidos!

Hoy en día, en el mundo laboral, todos actuamos de forma interdependiente y nuestro éxito depende de la colaboración eficaz de muchos. Ser capaz de influir eficazmente y ganarse el liderazgo de los de arriba es tan importante como liderar a los de abajo. Sin embargo, muchas personas no se dan cuenta de esto y pierden tiempo quejándose de sus jefes convencidos de que no pueden hacer nada para cambiar las cosas, conseguir que les hagan más caso, lograr más apoyo y mejorar su relación. Pero esto no es así. Como en toda relación entre dos, cada persona tiene su mitad de responsabilidad en esto de relacionarse bien con la otra parte. Por tanto, debemos tener siempre presente esta reveladora afirmación del genial Michael Leboeuf:

Usted es el dueño del 50% de la relación con su jefe, y del 100% de su propia conducta.

Es asombroso ver cuántas personas no atienden ni se ocupan de hacer bien su 50% y lo dejan todo en manos de sus jefes, descuidando su actuación y provocando sin querer el efecto contrario al deseado. Por ejemplo, si tratas a tu jefe como si fuera tu superior omnipotente, no debe extrañarte que te traten como a un siervo sumiso. Si no consideras a tu jefe como uno de los miembros activos de tu equipo directo, no te quejes si no te tiene en cuenta. Si sueles esperar a que tu jefe te resuelva los problemas, nunca lograrás que te conceda autonomía. Si eres de los que se queja enseguida ante las decisiones, los cambios y los recortes, no debe sorprenderte que el jefe te considere entre sus empleados negativos o problemáticos. Si cuando vas a ver a tu jefe casi siempre es para pedirle algo, transmitirle tu agobio o ponerle excusas, no debe sorprenderte que evite el contacto contigo...

Lo bueno es que esto se puede cambiar. Sí, se pueden hacer las cosas de mejor manera para que la influencia que ejerzas hacia arriba sea la que te interesa y no la que perjudica tu imagen, tu prestigio y, con ello, tu calidad de vida profesional.

A través de la forma de comportarte con los jefes, puedes ganarte el prestigio necesario para influir mucho más eficazmente en ellos.

LOS PASOS

Vamos a ello. Haremos un recorrido por los 10 pasos que conforman el camino hacia una mejora con la persona más importante de tu entorno profesional. Al fin y al cabo, tengas el jefe que tengas, ahora mismo es el mejor que tienes, y sea joven o mayor, mujer u hombre, con un carácter u otro, con mejor o peor calidad de dirección de personas..., es lo que hay y, por la cuenta que te trae, mejorar tu parte para progresar será un esfuerzo que merezca la pena.

PRIMER PASO:

TRABAJARSE UN BUEN POSICIONAMIENTO

¿Qué es eso? Aquí empieza todo. Tu jefe interactúa contigo de vez en cuando, no está continuamente a tu lado. Por tanto, cada ocasión en la que estéis en contacto directo, sea cara a cara, virtualmente, por teléfono o a través de mensajes, es el momento de generar un posicionamiento adecuado y eficaz.

Hay que cuidar mucho este aspecto, porque es el principio que condiciona todo lo demás. Es posible que tú pienses que eres leal y que tu implicación es correcta, y precisamente por eso ves valioso trasladar a tu jefe lo que pasa y los problemas que tienes, pero muchas veces he visto que el fallo está en cómo se hace. Si cuando aparece tu jefe, a menudo acudes a contarle tus dificultades, o lo haces con agobio o para trasladarle que algo no va bien, que no te extrañe que te posicione como alguien «agonías que trae problemas y busca excusas». Y así, tu capacidad de influencia es ínfima, y será muy difícil que luego, cuando necesites algo, considere tus propuestas.

El posicionamiento hay que trabajárselo, no es cuestión de «química», sino que hay que ponerle «física». Vamos, que hay que hacerlo. Si no tienes un buen posicionamiento, es lo primero que debes cambiar para ganar prestigio y poder de influencia ante los jefes. Hay quienes dicen, orgullosos y convencidos de ser los «héroes leales del departamento»:

> —Yo soy el que siempre me atrevo a decir en las reuniones lo que pensamos todos, y así dejar claras las cosas.

Bien, a ese empleado su forma de actuar le parece estupenda, y estará encantado consigo mismo, pero para su jefe, con toda probabilidad, será «el pelmazo que siempre está incordiando en todas las reuniones». Por lo que, lejos de ser un héroe, su posicionamiento es de «problemático *agotajefes*».

Y no se trata de ocultar las cosas que van mal, ni decir a todo que sí o no tratar nunca los problemas. Eso te posicionaría como dócil, y luego, cuando salten los problemas que no abordaste, como incompetente poco fiable por no haber dicho nada. Un desastre.

La pregunta es: ¿cómo procurarse un buen posicionamiento?

Para empezar, aprende cómo actúa tu jefe: observa su forma de actuar, qué le agrada y qué le irrita, qué aspectos domina y cuáles son sus puntos más débiles. Igualmente, debes aprender a ponerte en su lugar, es decir, a preguntarte: «Si yo fuera este jefe, ¿qué me parecería que alguien me dijera esto así o hiciera esto otro?». Recuerdo a un profesional muy exigente que, tras esta reflexión, me confesó unas semanas más tarde: «¿Sabes?, ¡me he dado cuenta de que, si yo fuera mi jefe muchos días, no me aguantaría a mí mismo!». Aquel trabajador aprendió entonces que no es tan fácil ser un buen colaborador para tu jefe y estar siempre a la altura, y comprendió que muchas veces perdía «puntos» simplemente por no controlar cómo y cuándo decía las cosas a «los de arriba». Se dio cuenta de que hacía, no hacía y decía demasiadas veces justo lo que él mismo odiaría que le hiciera, no hiciera o dijese su gente.

Una buena pregunta de autocontrol para mejorar tu posicionamiento entre los colaboradores más profesionales y buenos para tu jefe, con alta capacidad de influir con más eficacia, es:

¿Qué has hecho últimamente para que tu jefe, con alta probabilidad, piense: «¡Qué gran profesional tengo y qué gusto de colaboración!»?

Más de uno se queda estupefacto al escuchar esta pregunta. «¿Cómo que qué he hecho yo? ¿No sería cuestión de qué ha hecho el de arriba?». Pues no exactamente, porque tu jefe será como sea, pero tú eres un profesional y, como tal, debes saber manejar tu parte del asunto y comportarte de forma profesional y de la manera más efectiva para ganarte a tu jefe, tengas el que tengas.

Incluso en el caso de que tu jefe no tenga «mucho talento directivo»..., ¿qué ganas comportándote como otro mediocre porque te desespera o te desmotiva? ¿Quién tiene más que perder con ello? Si tu jefe no es muy hábil..., ¡pues aprovéchate siéndolo tú!

Así que hay que estar muy atentos a nuestros encuentros con los de arriba para que vean lo que necesitas que vean, de manera que te asegures un buen posicionamiento. Algunos básicos esenciales: estar siempre de buen talante (nadie quiere tener en su equipo a alguien triste y agobiado), cumpliendo siempre los compromisos adquiridos, entregando siempre lo pedido antes y mejor de lo esperado, etc. Y a partir de ahí empieza el arte de saber elegir el CÓMO, el DÓNDE y el DELANTE DE QUIÉNES cuando se interactúa con los jefes.

Ojo, un descuido puede echarlo todo por la borda. Prudencia e inteligencia, pues la vida profesional está en juego. Si participas en corrillos en los que los «criticones se dedican a quejarse de todo», aunque no seas parte de «los activistas» y solo coincidáis en el café, probablemente tu jefe perciba erróneamente que formas parte del grupo y te posicionará como uno de ellos, porque estas cosas llegan arriba. Cualquier detalle puntúa a favor o en contra, y eso, lejos de ser un problema, puede ser una oportunidad.

Por si sirve de inspiración y orientación, como mínimo, compórtate como el o la profesional que a ti te encantaría tener en tu equipo si tú fueras jefe de tu área, y elimina todo comportamiento que sea contrario a eso. Probablemente no querrías a alguien sumiso ni a soldados obedientes sin más, sino a buenos profesionales que te aporten, que remen a favor, que te reten en positivo a mejorar, que, en la duda, se sumen a tus decisiones, y que sepan actuar contigo oportuna y convenientemente, y no a su manera o sin respetar tu posición.

A continuación, un ejemplo de algo que muy poca gente hace y que suponen oportunidades valiosísimas que se pierden. Cuando las cosas se complican tremendamente y el jefe debe tomar decisiones difíciles y trata de empujar, pero el entorno está muy complicado, lo normal es que su mesa y sus llamadas estén repletas de problemas, quejas y protestas, cuando seguramente es el primero que está intentando que el equipo pueda salir de esta. Es ahí cuando la soledad de los de arriba es máxima. Imagina que en esos momentos entras en su despacho y le dices sinceramente: «Jefe, solo quiero que sepas que estamos contigo, que sabemos que lo tienes difícil, pero ¡ánimo! Entre todos saldremos de esta y te necesitamos». Y te marchas. Te puedo asegurar que es lo último que espera. Se quedará tan sorprendido que hasta lo contará en casa y le dirán: «Qué buen equipo tienes», y tú habrás quedado como los dioses. Vamos, a poco que seas de los que cumple, mucho tendrás que meter la pata para que pierdas influencia con ese jefe. Te lo comento porque yo he tenido la inmensa fortuna de tener a alguien así en mi equipo, la gran Lucía, y, desde luego, ese día se ganó mil puntos de golpe. Y, además, sé que lo hacía con sinceridad, porque es una profesional extraordinaria y no tenía necesidad alguna de decirlo si no lo pensaba de verdad.

¡Qué gran ejemplo de cómo ganar posicionamiento profesional! Eso sí fue gestionar bien la situación, asumirla, comportarse y mostrarse como una súper colaboradora, y merecerse una poderosa capacidad de influencia con su jefe. ¿A qué jefe no le gustaría oír algo así en un momento tan difícil? ¡Pues nadie lo hace!

Y puestos a rizar el rizo en esto de trabajar tu 50%, hay un enfoque todavía mejor: compórtate como el buen profesional con el que le gustaría contar a tu jefe. Por poco que observes, descubrirás sus gustos, su estilo, cómo prefiere que le entreguen el trabajo y le digan las cosas, y verás que cuesta muy poco tener la habilidad de sumarse a eso y contentarlo. Total, es gratis y ofrece mucho retorno en influencia.

SEGUNDO PASO:

ELEGIR BIEN «EL CANAL» PARA HABLAR

Entonces, ¿no se puede hablar con los jefes de lo que va mal y de los problemas que tenemos sin perder posicionamiento? Si es así, ¿cómo vamos a solucionar las cosas o a lograr que se enteren de lo que pasa?

Aquí va otro de los grandes secretos para influir mejor arriba. Elegir bien «el canal». Me refiero a que hay muchas maneras de hablar de algo y cada una influye de forma bien distinta y genera efectos muy diferentes.

Supongamos que en el departamento en el que trabajas es necesario hacer cambios importantes porque las cosas no se están haciendo bien: hay que aclarar muchos puntos, prioridades, procesos, quién es responsable de qué, y, además, la coordinación y comunicación con los demás departamentos no es buena y genera mucho trabajo extra y reprocesos; también falta formación e información en varios sectores y personas. Será imposible lograr los resultados deseados si las cosas siguen así, y la gente buena, empezando por ti, se está quemando, agotando y desmotivando.

Ya sé que es un ejemplo teórico, porque estas cosas nunca pasan en la realidad…, ¿o te recuerda a alguna situación que hayas visto? Pues supón que quieres hablar con tu jefe de esta situación, porque es importante que se arregle para que todo funcione mejor, y para que, de paso, tú y los demás trabajéis y estéis mejor. ¿Cómo hacerlo de forma impecable para el posicionamiento e influyendo de manera óptima para que tu petición resulte efectiva?

Lo que «te pide el cuerpo» en cuanto tengas la ocasión de hablar con tu jefatura directa es soltarlo todo:

—Jefe, falta comunicación, la gente está quemada, los procesos no están claros y generan mucha confusión y mucho trabajo inútil. Así no vamos a poder cumplir el objetivo, la gente está fundida, esto no puede ser...

Sí, muy directo, muy auténtico y real, pero dicho así todo suena a problemas, quejas y lamentos. Es decir, todo ha sido en canal negativo, lleno de mensajes y palabras negativas, y eso es lo que llega.

Si tu jefe te explicara los problemas que tiene, verías que los tuyos son una minucia al lado de todo lo que debe gestionar y resolver, y la presión que soporta seguro que es mucho más alta de lo que deja ver..., y encima vienes y le sueltas toda esa batería de información negativa. ¡Lo que le faltaba! Que no te extrañe que eso bloquee tu influencia, que no logres nada y que perjudique tu posicionamiento.

Así no funciona. Si te expresas en el «canal problemas», ¿qué obtendrás? Pues eso, problemas. Si eliges el «canal queja», ni te cuento: «¡Otro que viene a llorar!», pensará tu jefe, ya que seguro que no eres la primera ni la última persona del equipo y su entorno que le ha ido a contar sus desgracias, y así no hay quien consiga nada.

El gran secreto de este paso es:

No te quejes, no critiques, solo propón tu solución.

Usa solo el «canal proponer». No conozco a ningún jefe que diga: «Qué horror, tengo un equipo que no para de proponerme soluciones y acciones bien pensadas para salir adelante y mejorar las cosas». Pues no, eso no pasa, y lo que sí pasa, y mucho más de lo que uno cree, es que mucha gente que acude al jefe a «soltarle lo malo», puede que con la mejor intención, pero con mucho desacierto.

Si ante la misma situación anterior surge tu ocasión de oro para hablar con tu jefe directo y acudes con magnífica preparación, claro está (primer posicionamiento correcto), y le dices de forma calmada y proactiva:

—Jefe, tengo una propuesta para mejorar varias cosas que podría ayudar mucho a los resultados y a alcanzar los objetivos. Se trata de definir más claramente los procesos A, B y C, y para eso podríamos hacer esto y esto. Otra mejora clave que se necesita es formar a este grupo en esto y aquello, y hacer reuniones con los departamentos tal y cual para establecer una coordinación más eficaz en tales aspectos. Cuenta conmigo para ocuparme de eso, o para llevarlo con quien tú consideres, y así podremos solucionar y mejorar todo esto, que hará que obtengamos todas estas mejoras rápidas y significativas para alcanzar los objetivos. Además, así la gente estará más animada y recuperada para trabajar a tope.

Dicho así, todo preparado en el canal proponer-acción-soluciones, todo en positivo-constructivo (segundo posicionamiento correcto), suena muy diferente,

¿verdad? Finalmente hemos tratado con suma claridad los mismos aspectos, le hemos dicho todo lo que no va bien sin dejarnos nada, pero desde lo que se puede y hay que hacer. ¡Menuda diferencia de impacto!

Así que seguramente tu jefe dirá que adelante en muchas cosas, y querrá retocar alguna de tus ideas, con lo que sigues avanzando en que ocurran los cambios que se necesitan y habrás logrado el objetivo de mejora que tenías. Recuerda, ese era tu objetivo: lograr acciones que mejoren las cosas, y no «ir a echar porquería al jefe y soltarlo todo», que es lo que te pedía el cuerpo y el ánimo, pero que no sirve absolutamente para nada, ya que, lejos de sumar, resta.

Tanto si tu jefe luego te dice que sí, que adelante, o que no se puede hacer lo que le has ofrecido, en todo caso este planteamiento tiene una gran ventaja: siempre habremos quedado bien y dejado la sensación de «¡Qué buena aportación, qué gusto de profesional que siempre piensa en cómo aportar soluciones!». Puede que incluso los de arriba se hayan quedado hasta «en deuda» por haber tenido que decirte que no, y ya cobrarás ese esfuerzo en la próxima propuesta. Esto de la influencia es así, el positivo que te marcas hoy te dará algo bueno mañana.

TERCER PASO:

DEJA QUE EL DE ARRIBA «SE SIENTA ARRIBA»

Cuidado con este aspecto, ¡ya que puede salvar tu vida profesional! Es clave entender que tu jefe vive en un ecosistema de jefes y colaboradores, donde hay cierta competitividad, o mucha; y es de naturaleza humana, y hasta animal, que los jefes tienen que mantener su estatus, porque así funciona desde hace miles de años y así está dispuesto por los tiempos de los tiempos. Tu jefe tiene grandes responsabilidades y una imagen interna que defender tanto arriba, como a los lados y hacia su equipo. Tiene sus miedos e inseguridades, y tiene una posición de mando sobre su área, sobre personas, y sabe que algunas de ellas seguro que son mucho mejores en lo que dominan y debe dirigirlas. Por tanto, a efectos ancestrales, es «el jefe de la manada». No depende de que tu jefe sea hombre o mujer, eso no afecta, sino del estatus inconsciente que se necesita de ser un «líder reconocido y respetado». Cualquier cosa que atente contra eso tendrá como respuesta una fulgurante demostración de poder para confirmar su lugar.

Para eso está este otro gran secreto de la influencia hacia arriba. Lo diré más elegantemente por aquello de que aquí queda escrito, pero puedes «traducirlo» al lenguaje más coloquial que prefieras y se entiende mucho mejor:

No le «toques las narices» a tu superior.

De verdad, no compensa. Tus superiores directos están muy estresados, tienen muchas presiones y sienten la necesidad real de demostrar que se merecen el puesto. Por todo eso «sus narices» son tan sensibles, y reaccionan abruptamente cuando alguien se las toca, y se irritan desmesuradamente. Y tener al de arriba irritado… no lleva a nada bueno.

Para evitarlo a toda costa hay que tener presente y cuidar ciertos factores «irritantes». Si sabes que le gusta que los viernes por la mañana le mandes ese informe que a ti te parece inútil pero que te exige, pues mándaselo y que no tenga que volver a llamarte nunca más al mediodía para pedírtelo. Y si sabes que le gusta que le mandes tal información en un PowerPoint, aunque tienes claro que se ve mejor y es más fácil trabajar en un Excel, pues ¡mándasela en su PowerPoint! Y no toques lo que no hay que tocar, que nunca sabes el día que lleva. Entiende cuanto antes sus preferencias y manías, y evítate irritar y «tocar las narices» por no tenerlas en cuenta. Realmente no cuesta nada, es ponerse con ello.

Y mucho cuidado al decir las cosas. Si ante una indicación de tu jefe le contestas expresando que no ha entendido algo o que desconoce tal cosa, aunque sea verdad, tu jefe fácilmente interpretará que estás cuestionando o desafiando su estatus, y algo dentro se le removerá y necesitará mostrar su posición cayendo encima de ti con cualquier cosa que esté mal, o da igual, con lo que sea. Le has «tocado las narices»..., así que ¡prepárate para la que te va a caer!

Ojo a este tema: ¡ni te cuento si eso pasa delante de otras personas! Uno de los errores más terribles que veo cometer es cuestionar algo al jefe, o dejarle en evidencia, o discutirle algo, o llevarle la contraria, o faltarle mínimamente al respeto comentando algo en la informalidad de la confianza del día a día sin darte cuenta de que había otras personas ahí. ¡Ay como perciba que estás retando su autoridad y su estatus «de arriba» delante de terceros! Habrás despertado la ira del monstruo. Sí, tú lo has provocado porque eso es una «tocada de narices» de enormes dimensiones.

Qué importante es aprender esto:

Los de arriba se comportan muy diferente cuando hay más personas mirando.

Lo que se le puede decir al jefe de muchas formas en privado sin que pase nada, no se puede decir con público y de cualquier manera (o incluso de ninguna), sin que haya consecuencias.

Así que ya tienes otra norma esencial, no ya para la influencia profesional, sino ¡para la supervivencia!: «las narices» de los de arriba son intocables. Vamos, ni rozarlas, por si acaso.

CUARTO PASO:

USAR LA GESTIÓN EFICAZ DE RECOMPENSAS (GER)

Ya tenemos varias pautas prácticas enormemente eficaces que son asequibles, realizables y cuya ejecución solo depende de uno mismo. Pues vamos con una de las más poderosas para poder dirigir a tu jefe. Sí, a pesar de no tener ningún poder jerárquico sobre los jefes, es posible influir para que hagan más lo que quieres que hagan y dejen de hacer lo que no te aporta. Para eso hay que utilizar otro poder: el poder de la influencia mediante la GER.

En un libro anterior ya expuse con amplitud el extraordinario mecanismo de la GER (*Gestión Eficaz de las Recompensas,* Empresa Activa, 2018) y cómo aplicarlo a la dirección de personas y a las relaciones en general, basándose en un principio elemental del comportamiento humano:

Todas las personas tendemos a hacer más y mejor lo que nos depara una recompensa.

Y lo completo con este añadido: lo que no me reporta una recompensa, no me motiva.

Aplicando este principio y esos mecanismos hacia arriba, se comprueba rápido que la utilidad de influir en tu jefe poniendo en acción la gestión de recompensas hace que haya resultados y que el trabajo resulte más placentero y productivo para ambos.

No se trata de convertirse en un adulador de jefes ni de recurrir a tácticas manipuladoras. Es un plan sincero, profesional, honesto y directo para mejorar la relación profesional entre ambos basado en que los dos sois personas y trabajadores con el interés mutuo de cosechar éxitos y vivir mejor. Tú y tu jefe tenéis mucho en común: tenéis una misión que cumplir, un trabajo que hacer y dependéis unos de otros para que se lleve a cabo lo mejor posible. Las personalidades de ambos tienen puntos fuertes y débiles, unos más compatibles que otros. Asimismo, tenéis criterios propios sobre las cosas y hasta cada cual tiene sus manías personales. No podéis contar al equipo todo lo que os pasa, muchas cosas os las debéis guardar o tragar. Estáis ocupadísimos con mil tareas. Tenéis vuestras propias presiones y problemas del día a día. Y siempre hay algo, o alguien, por ahí que os está complicando las cosas. Todo esto os pasa a los dos. ¿Verdad que tenéis mucho en común?

Para dirigir al de arriba solo tienes el poder de influir mediante tu calidad de trato, así que aprovecha al máximo esa fuerza mediante la Gestión Eficaz de las Recompensas. Para corregir lo que no quieres que haga, comienza por definir y decidir exactamente qué quieres que sí haga, qué te gustaría que mejorara tu jefe en relación a ti, es decir, cómo preferirías que actuara contigo. Por ejemplo:

- Deseo que mi jefe me hable con más tacto.
- Deseo que mi jefe me dedique más tiempo.
- Deseo que mi jefe me dé más autonomía.
- Deseo que mi jefe me avise con antelación de las reuniones.
- Deseo que mi jefe no esté tan encima de los detalles superfluos...

No te dediques a hacer una lista del jefe ideal, céntrate en lo más importante, lo que más necesitas que mejore. Elige cada vez un solo comportamiento de esa lista que desees que modifique por el bien de los dos, y una vez que hayas tomado esta decisión, ese foco, ya no existirá obstáculo para poner en acción la fuerza de la GER: premia a tu jefe cada vez que se acerque a ese comportamiento que deseas, por cualquier síntoma de cambio positivo. Dicho de forma sencilla:

Cuando tu jefe haga lo que deseas, reconóceselo abiertamente cuanto antes.

En este punto, la clave consiste en recompensar a tu jefe por cada asomo del tipo de comportamiento que esperas. Es valioso tener presente algo que ocurre a menudo cuando se va ascendiendo: ¿sabes que casi nadie felicita ya a tu jefe?, por no decir casi nadie casi nunca. A medida que vas escalando posiciones, cada vez se da más por sentado que tus resultados van con el cargo, que el esfuerzo ya está remunerado con el incremento de salario, y surge la famosa soledad de los de arriba. ¿Quién motiva al motivador? Muchas veces ya ni en su casa.

Por ello, cualquier comentario positivo tras **algo concreto que hayan hecho bien** les sonará a gloria, les agradará y les condicionará con fuerza a repetir esa forma de actuar, ya que perciben que alguien se ha dado cuenta y lo aprecia. Todos necesitamos ser reconocidos y valorados, y tu jefe, aunque pueda ser de esos parcos en felicitaciones y reconocimientos, también tiene un corazón y un inconsciente que necesita ser valorado. No vale aplicar eso de «Como a mí no me felicitan, pues basura para todos». Hay que ser prácticos; recordemos que se trata de gestionar bien nuestra parte del asunto. Si la otra parte no lo hace bien, no debe influirnos ni impedirnos que sí seamos hábiles en esta faceta.

Un ejemplo real: María, la directora de Álex, tenía la costumbre de interrumpir su trabajo para supervisarle y modificar pequeñas cosas sin ver el conjunto, y eso le fastidiaba tanto que incluso pensó en cambiar de trabajo. Pero tras conocer la Gestión Eficaz de

Recompensas, decidió aplicarla antes de tomar una decisión definitiva. Esperó unos días para encontrar una tarea que pudo terminar sin verse supervisado e intervenido todo el rato. Cuando entró en el despacho de María para presentarle el trabajo, se la encontró agobiada por unas propuestas que debía terminar. En ese momento vio clara la oportunidad y le dijo: «María, me ha encantado que me hayas dado tu confianza dejándome hacer esta tarea solo, me ha cundido mucho trabajar de esta manera. Así trabajo mucho mejor y soy más eficaz, y como he acabado antes, ¿me dejas que te ayude a terminar alguna de esas propuestas?». María no percibió la intención del comentario y estuvo encantada de darle parte del papeleo que la tenía al borde de un ataque (premio número uno). Por supuesto, Álex le entregó esos documentos antes y mejor de lo esperado, y, unos días después, aprovechando que un colega de María estaba con ellos en una reunión, Álex vio el segundo momento clave y se atrevió a manifestar: «María es una buena jefa, cada vez confía más en mí y eso me aporta mucho en el trabajo. Cuando me asigna una tarea, me deja más libertad sin entrar en los pequeños detalles y así aprendo mucho y avanzamos más rápido. Estoy encantado y cada vez hacemos mejor equipo». (Premio número dos: felicitación en público). María se sintió halagada por el comentario, y a partir de ese día, cada vez que intervenía en el trabajo de Álex, lo hacía de forma más sutil y delicada. De hecho, procuraba hacerlo lo menos posible. Álex continuó atento a seguir premiando eso y, en poco tiempo, logró conformar la conducta que necesitaba de su directora. No se lo podía creer: ¡funcionó!

¿Qué puedes hacer para premiar a tu jefe? Puede parecer que el asunto no es tan fácil, pero, sorprendentemente, existen muchas alternativas. Aquí van algunas ideas, y hay muchísimas más que tu creatividad sabrá encontrar:

- Felicita y admira expresamente los puntos buenos de su conducta. Recuerda lo que hemos comentado: tu jefe también necesita estímulos positivos que le animen, y muchos ya no tienen a nadie que esté pendiente de proporcionárselos. Aplica elogios cuando te sorprenda con una buena acción o una buena idea. Si es sobre algo concreto que realmente ha estado bien, que merece un comentario, a tu jefe nunca le sonará a adulación barata, sino a una «buena capacidad de observación de alguien inteligente». Tu jefe también tiene ego y, como todos, acepta de buen grado ser justamente alimentado.

- Sé útil para tu jefe. Ayúdale haciéndole saber algún aspecto del departamento que creas que sería bueno que sepa (por ejemplo: que alguien tiene un familiar enfermo, o que es el cumpleaños de uno de los empleados, o algo delicado que nadie se atreve a comentar...).

- Anticípate, échale una mano sin que te lo pida. Ofrécete para descargarle de alguna tarea rutinaria que sabes que le desespera especialmente.

- Propón ideas que puedan ahorrar tiempo o dinero, simplificar procesos o mejorar el trabajo. Veremos más adelante cómo hacerlo correctamente.

- No te quejes jamás, limítate a proponer alternativas y a ofrecerte para buscar soluciones. Para cualquier jefe, que seguro que tendrá multitud de problemas que ya procura que no trasciendan a su equipo, no hay nada más molesto e irritante que los «quejicas y llorones» que solo ven lo malo y siempre ponen pegas a sus ideas y decisiones sin aportar ni una sola solución. ¿En qué lado sueles estar en las reuniones, en el de los que aportan ideas y alternativas o en el de los que protestan y ponen malas caras? ¿Eres de los que apoyan o de los que se quejan? ¿Eres de los proactivos o de los reactivos ante lo que no se esperaba o lo diferente?

- Cuando todos ven claro un fallo en la forma de actuar de tu jefe, espera al momento oportuno y dile en confianza, para ayudarle, que esa forma de actuar está perjudicando su imagen y prestigio ante el equipo.

- Y no olvides que, si los resultados que estás consiguiendo le avalan, debes consentirle alguna manía que tenga y asumirla de una vez. No puedes pretender que tu jefe sea perfecto, así que, si las cosas van bien y es un buen jefe, aprende a consentirle su «pequeño defecto» y perdónaselo sin más. ¿Que suele llamar cada dos por tres para preguntar cualquier cosa que podría esperar? Pues si solo es eso, dale la información siempre con tu mejor sonrisa y a disfrutar.

Veamos un ejemplo práctico que conocí:

El jefe de Carolina organizaba las reuniones de manera caótica y siempre acababan tardísimo, con lo que conlleva desorganizar las agendas y el trabajo de todos. Así que se planteó usar el GER para ver si podría cambiarlo. Sabía que no es algo infalible, pero si ahora que lo conocía no hacía su parte, tampoco tendría derecho a protestar luego. Esperó a que una reunión acabara a la hora, aunque realmente fue por necesidad, ya que su jefe debía tomar un avión. Viendo la ocasión perfecta, nada más acabar, se acercó para decirle: «Ha sido la mejor reunión que hemos tenido hasta ahora, me ha encantado cómo la has llevado, has sido superpuntual y eficaz». Cuando regresó del viaje, volvió a buscar la oportunidad y, al coincidir en el café, le comentó: «El otro día todos estaban entusiasmados por cómo fue la reunión, clara, al grano y

> en hora. Te marcaste un buen tanto ante el equipo cuando vieron que fuiste puntual con la hora de finalizar que pusiste en la convocatoria y varios comentaron que eres de los que cumplen lo que marcan». Sí, descaradamente, a la yugular.

Excelente gestión de la GER, y desde ese día las reuniones mejoraron espectacularmente en ese departamento. Ahora que el jefe sabía que todos se fijaban y lo apreciaban... ¡como para fallar!

En resumen: para ti, el éxito y tu bienestar profesional dependen mucho de que sepas relacionarte mejor con la persona que está al mando. Y, como has visto, la GER es una herramienta muy potente que sirve en todas direcciones, incluso de abajo hacia arriba. Así que, ¿por qué no usarla por el bien común?

QUINTO PASO:

INFLUIR BIEN AL RECIBIR *FEEDBACK* Y CORRECCIONES

En la relación jefe-colaborador, siempre es delicado para los jefes corregir, gestionar un fallo o dar un toque de atención, y facilitar ese momento con buen talante, receptividad, cero reactividad y mejora inmediata es un gran punto a favor que te beneficiará más tarde cuando necesites el apoyo de tu superior.

Cuando tu jefe te corrija, siempre que lo haga con respeto, tu única reacción deberá ser recibirlo, preguntar con excelente actitud para comprender a qué se refiere para evitar que vuelva a pasar, no poner nunca excusas ni justificaciones. Y, por supuesto, nada de malas caras o gestos de contrariedad, y, al acabar, debes recordar decir con humildad proactiva: «Gracias, jefe, no dejes de decirme lo que ves que debo mejorar, me ayuda mucho». Y cuanto antes, que se vea la mejora.

Hacer sentir incómodo al jefe en ese momento es muy peligroso, ya que pronto te lo corregirá de mala gana, y eso es malo para los dos; o, peor aún, dejará de hacerlo, aunque no esté conforme con tu trabajo, porque ya está buscando sustitución para tu puesto y, para ti será imposible saber que no estás haciendo las cosas como se espera. El *feedback* y las correcciones significan que tu jefe aún cuenta contigo, pues, si no fuera así, ya ni se molestaría. Es un regalo que, aunque es manejado de forma errónea por demasiados jefes, no deja de ser información valiosa de cómo mejorar, de cómo evitar perder influencia, e incluso de reforzarla demostrando tu capacidad de aprender rápido y aplicarte.

Muchísimas veces he visto cómo jefes, con su mejor intención, amonestan o corrigen a alguien de su equipo a quien querían desarrollar y, tras la nefasta actitud de los colaboradores en esa conversación, pierden toda la fe en la persona. Esas personas se autoeliminaron de la lista de los profesionales apreciados y perdieron toda su capacidad para influir en sus jefes. De un pequeño error cometido pasaron a uno garrafal para la influencia.

Si tu jefe te llama en caliente y pierde un poco las formas por los nervios ante el fallo o la incidencia, no entres al trapo en una discusión en la que tienes todas las de perder. En ese instante, el único objetivo es dejar que se desahogue, solucionar los problemas cuanto antes, y, más tarde, cuando se calme, probablemente otro día, será el momento de saber qué es lo que sí se debe hacer la próxima vez. Y es justo entonces cuando toca influir y recompensar al final con un: «Jefe, así da gusto hablar contigo aunque sea de un error y comprometerse con lo que hay que mejorar. Cuando te enfureces nos cuesta comprenderte y te tememos tanto que ni nos atrevemos a preguntar lo que no entendemos. Pero así sí siento que me exiges bien».

Es más, si tu jefe no te da *feedback* de lo que haces bien y lo que ve que sería bueno que mejoraras, yo de ti se lo pediría. Más de dos años sin hablar de ello garantiza que estaremos desalineados en más de un aspecto, y en vez de esperar al día que venga la reprimenda, es mejor tomar las riendas ahora que estamos bien. Basta con decirle que te encantaría que un día te dedique un rato para explicarte con claridad lo bueno y lo mejorable, y puedas así rendir mejor y saber qué espera exactamente de ti ahora, que seguramente es bien distinto de lo que esperaba hace tiempo. Y por telepatía no funciona, la verdad.

SEXTO PASO:

SABER VENDER NUESTRO TRABAJO

Ya lo dice el refrán: no solo hay que ser buenos, además hay que parecerlo. Un poco de «*marketing* personal» nunca está de más, y es esencial para mejorar la influencia en los jefes. Y en estos tiempos de incertidumbre en los que igual les va a tocar a los de arriba decidir quién se queda y quién no puede seguir porque ya no cabemos todos, la cuestión se torna especialmente importante.

La primera manera de venderse es siendo realmente buenos trabajadores. No se trata de aparentar sin serlo, porque eso no funcionará demasiado tiempo con buenos jefes. Hay mucha gente que se esfuerza en aparentar que trabaja de más, y si dedicaran ese esfuerzo y energías a trabajar de verdad, se ahorrarían tanto paripé.

Si quieres lograr el éxito en «la venta de tu aportación», una buena indicación es tratar a los de arriba como tus clientes. Trata de hacer el trabajo como desea tu cliente (interno o externo), y lúcete haciéndolo mejor y más rápido de lo que esperaba, y luego explícale lo realizado dándole valor para que vea que «ha pagado» un buen precio. Esta es la mejor manera para que los de arriba «reconozcan y recomienden» tu valía.

Ahora bien, hay que dejarse ver. Si eres de los que prefieren ser una hormiga silenciosa que cumple con su tarea de forma sigilosa y discreta, hay que entender que los demás no sepan valorar tus esfuerzos y la aportación que tú mismo ocultas. Ya que trabajas bien, ¡que se vea! Sin alardear, pero sin ocultar lo que merece ser mostrado, que para eso te lo has trabajado y tienes ese compromiso con el buen hacer.

Participa activamente, haz propuestas al jefe, comprométete en retos o tareas que surjan, déjate ver en las reuniones aportando soluciones, con buen rollo y energía positiva. Apoya los cambios, echa una mano allá donde surja una oportunidad y cumple rigurosamente los compromisos y los valores de la empresa. Hay que perder el miedo a compartir los logros verdaderos.

Si eres una persona pasiva o neutra, aunque técnicamente trabajes bien, ejercerás una influencia pasiva y neutra, y eso no es bueno para tu posicionamiento arriba, donde perderás capacidad.

Cuando acabes un gran proyecto o tarea, al final del año, recopila todo lo realizado y enséñale a tu jefe todo lo que has hecho, y, si tienes equipo, todo lo que habéis hecho en tu área. Nadie recuerda el esfuerzo de hace cinco meses, ni la maravilla que se hizo para salvar aquel obstáculo o reto del primer trimestre. Hay que poner todo eso en valor, porque lo tiene. Tu jefe también necesita «vender» sus logros, es decir, el trabajo que hace su equipo. Y si se lo pones muy claro, puede que trate de no darle importancia ante ti, pero probablemente lo use con sus colegas de arriba para dejar constancia de los logros de lo que dirige. Un simple «hemos realizado 834 operaciones con clientes, hemos actualizado el 25% de los procesos de tal, hemos rehecho 548 facturas para adecuarlas a lo que el cliente nos pedía, hemos logrado entregar 14.245 productos a tiempo...». Nadie muestra todos esos datos, nadie se ocupa de que se vean, y es el resultado tangible de un buen esfuerzo. Decir «hemos trabajado mucho» no impacta, se da por sentado que es lo que hay que hacer, pero «hemos resuelto 613 incidencias con éxito» impresiona a cualquiera.

Hay quienes alardean mucho y venden cualquier mínimo esfuerzo como una heroicidad, incluso se atribuyen logros que no son suyos, pero a la hora de la verdad, cuando llega el momento de los resultados, nada de nada. Eso no cuela. Pero igual que presumir por anticipado cuando luego no se tiene el aval de los resultados acaba por influir mal, ya que el posicionamiento es de «fantasma y cuento de la lechera», conseguir muchas cosas y no transmitirlas, no ponerlas en valor por vergüenza, por timidez o por pensar que es presuntuoso, también es un error. Si no lo vendes tú, que eres quien lo ha logrado, ¿quién lo va a hacer? Tu abuela, que seguro que es la que mejor hablaría de ti, no va a ir a la oficina a charlar con tus jefes, así que muestra tu trabajo si te lo mereces. Por si sirve, piensa que «tienes el derecho a que vea lo que has hecho bien»; solo tú mismo te lo quitas por limitaciones propias perdiendo toda esa capacidad de influir mejor que podrás aprovechar mañana ante un resultado más flojo o ante la necesidad de ayuda.

Cuando los resultados son buenos, no se mira cómo se lograron, y aunque llegan las felicitaciones, o no, los esfuerzos del camino no quedan claros e incluso arriba pueden pensar que ha habido una buena racha, o que ha sido más sencillo de lo que realmente lo fue. Si los números son buenos, aprovecha para exhibir cómo lo has logrado, destaca lo relevante para que vean que tienen en ti a un o una profesional de alta competencia. Los buenos resultados dan margen para eso.

Si los resultados no han sido buenos, incluso a pesar de buenos esfuerzos, hay que comprender y asumir que la cosa no brilla y, por tanto, hay que ser humildes. Pero, sobre todo, no caer en el victimismo y la justificación de los motivos por los que no se llegó. Puede que tengas tus razones de peso, seguro que, en el fondo, tu jefe también las conoce bien, pero que te agarres a eso y que ese sea tu discurso no influye correctamente. Siempre es mucho mejor un: «No hemos obtenido el resultado esperado a pesar de habernos dejado la piel, no me satisface, hasta que no lo consigamos no estaré conforme conmigo». Para los de arriba eso suena mejor, y probablemente hasta te digan que sí has hecho muchas cosas bien al verte tan autoexigente.

Vender humo no compensa, solo cuela a corto plazo. Vender resultados es una obligación, porque dejar pasar esa oportunidad muestra dejadez profesional.

Recuerda: debes trabajarte tu 50% y tu posicionamiento, y qué mejor ocasión que esta. Pero sin pasarse, en la justa medida, pues quien aprovecha el buen resultado de hoy para excederse en el autohalago público quedará delatado cuando los resultados no acompañen.

Tras los buenos logros, resume en apenas una hoja, no más, lo que has hecho, todo lo especial que habéis implementado como equipo para conseguirlo. Te lo puedes permitir y entrégaselo a tu jefe con una «pequeña memoria que hiciste por casualidad» para su información y que, ya que la tienes, te apetece compartir. Deja que vea todo lo realizado. Los de arriba están muy ocupados con lo suyo, con todo lo que les toca manejar, no des por sentado que conocen bien lo tuyo, lo que has hecho, porque no es así.

SÉPTIMO PASO:

SABER PEDIR ARRIBA

Si ya tenemos buen posicionamiento y somos cumplidores con los compromisos y resultados, llega el momento de transformar todo eso en mayor capacidad para pedir, ya sean medios, más gente, más salario, más presupuesto, más capacidad de decisión o lo que necesites. Y, como sucede con todo lo relacionado con influir hacia arriba, existe un «cómo» adecuado, hay protocolos eficaces a seguir que facilitan mucho el éxito.

Para pedir arriba hay que usar una estrategia consolidada, no es momento para jugársela. Aquí vamos a aplicar un método seguro muy antiguo que existe desde hace ¡700 años! Lo dejó escrito a principios del siglo XIV uno de los más sabios visires de la corte de los emires de Granada, y durante siglos ha demostrado ser de una excelente eficacia.

En la fabulosa Alhambra de Granada, el grandioso palacio nazarí que construyeron los emires que gobernaban Al-Ándalus y que sigue asombrando a cuantos la visitan en el sur de España, considerada una de las diez maravillas del mundo actual, hay un área conocida como los Jardines del Generalife. En una de las visitas que hice a este mágico lugar, contraté un guía para que me explicara con detalle cada una de las maravillas de estos jardines. Al entrar, se llega a una estancia donde daba audiencia el emir, el máximo mandatario; vamos, el gran jefe. Hay una entrada formada por un hermoso arco que da paso a la sala previa a la estancia de audiencias. A los lados de ese arco hay dos huecos en los que había agua y se podían depositar objetos, y en el del lado izquierdo hay un texto en árabe que me llamó la atención, y le pregunté al guía qué ponía. Para mi monumental sorpresa, él me contestó: «Son las normas para hablar al emir».

Mi curiosidad investigadora no pudo esperar ni un segundo para conocer el contenido y le pedí que me lo tradujera con la mayor precisión posible. Consultando su manual, hizo la traducción y me quedé estupefacto. ¡Ahí estaba! ¡Lo que he ido descubriendo con los años a base de torpezas, aciertos y errores, tanto míos como de miles de profesionales con los que he compartido experiencias, resulta que ya estaba escrito y establecido desde hace siete siglos! No me lo podía creer. Hay buenas prácticas que permanecen por muy moderno que sea todo lo demás. ¿Qué pone? Pues, a riesgo de que me odies un poco y pierda momentáneamente mi influencia en ti, te lo contaré un poco más adelante, después de ver «cómo» hacer esto, para que así puedas asombrarte también de su maravillosa semejanza con ese texto.

Vamos a por ello. Bien, tenemos una idea, un cambio, una petición que hacer arriba. ¡Llega el momento crucial! ¿Cómo presentarlo con la máxima eficacia y multiplicando las posibilidades de obtener un sí?

He visto muchas veces cómo buenos mandos y directivos me comentaban la incapacidad de su superior para aceptar sus peticiones o ideas, a pesar de lo evidente que era para estos profesionales mejorar eso. Y cuando descubrieron el secreto de cómo hacerlo mejor y lo aplicaron, volvieron entusiasmados por haber logrado un sí que ya daban por imposible. Resulta que el principal obstáculo no era su jefe, sino su forma de plantear el asunto.

Veamos las tres fases que hay que manejar con suma habilidad para mejorar radicalmente y plantear de forma ganadora.

Fase 1: Antes de ir arriba

Dos cosas que no pueden fallar: preparar y preparar. Arriba no se va a improvisar o a lanzar ideas que parezcan vagas. No hay tiempo ni paciencia para eso. Hay que ir al grano, y, además, dispondremos de poco tiempo, porque el de arriba tiene muchas cosas en la cabeza. Prepara lo que vas a decir como ahora veremos que hay que hacerlo, prepara que todo suene bien, prepárate a que opine y quiera retocar cosas y prepara la documentación y los datos que debes hacer que vea y que retenga al final. Arriba debes ir preparado para que vean que sacas tus papeles y que lo que propones está trabajado.

Debes mostrar y tener un convencimiento total de que lo que pides le interesa mucho a tu jefe. Ojo: he dicho a tu jefe, no a ti. Normalmente, nos preparamos pensando en nosotros, en lo que nos pasa, en el problema que me solucionará eso que quiero plantear. Pero al de arriba lo que le interesa es lo suyo, esto es, sus resultados, y ese es tu cañón, no tu problema: cómo puede ayudar tu idea a que mejoren sus resultados. Hay que tener muy presente un concepto esencial:

Toda buena idea para mejorar algo de tu trabajo se convierte en mejora de resultados.

Porque, si mejora aspectos importantes de tu trabajo, más aún, del departamento, se producirá un mejor rendimiento, y eso evitará errores actuales (mejora de resultados por ahorros), logrará hacer las cosas antes (mejora de resultados en los costes de esos tiempos), conseguirá hacer más (productividad, luego mejora de resultados) y, al solucionar todo esto, es posible que facilite nuevas ventas que ahora se pierden (mejora de resultados).

Si tú, que eres quien mejor conoce la idea, no logras transformarla en resultados tangibles, visibles y evidentes, entonces no es una buena idea. Puede que sea «bonita», pero en términos de negocio y para influir arriba... mejor guárdatela y no te desgastes en cosas poco defendibles.

Veamos un ejemplo práctico que nos ayudará a entender mejor a qué me refiero con la importancia de aportar datos y resultados a la hora de defender una idea:

> Recuerdo a Ana, una directiva que quería cambiar el empaquetado de los productos y el logo de la empresa convencida de que sería una mejora. Al indagar con ella qué beneficios traería ese cambio, me dijo que consideraba que quedaría más moderno, que lo de ahora era anticuado. No supo darme más motivos, pero, eso sí, al hablar del coste de ese cambio aparecían miles de euros por todas partes. Vamos, una propuesta perdedora tal como la había presentado / planteado varias veces a la propiedad de la empresa. Seguí averiguando y me puse a tirar del hilo, y le pregunté: «Explícame, ¿para qué un embalaje y un logo más modernos, qué nos reportará?». Entonces me mostró que los datos indicaban que la empresa estaba perdiendo claramente a los jóvenes en sus ventas. La mayoría de sus clientes eran los de siempre, con una gran cuota de mercado entre los mayores, que tenían un gran recuerdo de marca por ser un producto con muchos años. Pero esos clientes, ya fieles, lamentablemente iban a ir desapareciendo y la amenaza a medio plazo de ir perdiendo cuota entre los jóvenes era muy peligrosa. Una nueva imagen más atractiva y un embalaje acorde con la actualidad de la venta *online* atraería a los jóvenes. Entonces le dije: «¡Ahí tienes tu cañón!».

De entrada no me entendió, y le ayudé a ahondar en la idea: «Cuéntame, ¿de qué cuota hablamos que estamos perdiendo? Ok, ¿y eso qué significa en volumen de ventas? Vale, ¿y cuánto podríamos ganar entonces si recuperáramos apenas un 15% de esa cuota perdida? Estupendo, ¿y qué oportunidades de venta cruzada de otras líneas, e ingresos por mantenimiento, podríamos sumar si esos nuevos jóvenes nos compran?». Y a base de buscar beneficios, finalmente su idea, tan solo con ese resultado tan discreto, ya haría que se ingresasen ¡más de dos millones de euros en los próximos cuatro años!

La animé a que volviera a presentarla, pero esta vez con estos datos por delante. ¿Adivinas lo que pasó? Me llamó personalmente para contarme que no le dejaron ni terminar su exposición y toda la familia propietaria le dijo esta vez: «¡Ya estás tardando en poner esa idea en marcha!».

Bien, ya tenemos el tema preparado, con nuestro cañón de resultados demostrables o razonablemente defendibles, con lo que hay que hacer y anticipándonos con las respuestas a las dudas u objeciones más probables. Huele a propuesta ganadora, porque esta vez no vas a pedir; no es a ti a quien le interesa esto, ¡claramente es a tu jefe!

Arriba no se va a pedir, se va a ofrecer mejoras tangibles.

¿Qué queda? Atención, falta un paso crucial que puede echarlo todo por la borda. Permíteme un ejemplo que seguro que has vivido. Cuando eras joven y aún no te dejaban llegar tarde a casa, pero en un par de semanas había una fiesta o evento especial al que no podías dejar de ir y necesitabas «influir arriba» para que te dejaran, ¿qué hacías? ¿Llegabas a casa y en cuanto veías a tus padres les decías «tengo una fiesta hasta tarde y me tenéis que dejar ir»? ¿Verdad que no? Había que hacerlo bien. ¿Y qué era lo primero? Claro, portarse impecablemente esos días, ofrecerse a quitar la mesa, ser todo encanto... ¡mejorar el posicionamiento! (Qué astutos éramos para algunas cosas de adolescentes y cómo olvidamos eso con los años). Después te preparabas el discurso, el «cómo lo voy a pedir», y por último... observabas atentamente cómo estaban «los de arriba» para encontrar ¿qué? Exacto, el momento adecuado para soltar el tema.

Cuántas buenas propuestas o peticiones se han caído por no haber elegido el momento adecuado. Si tu jefe te llama molesto porque ha pasado esto o lo otro y se ve que no está receptivo, a ver, ¡no es el momento! O en función de quién esté con tu jefe en ese momento, quizá no sea el sitio ni el lugar.

Como nuestros jefes están casi siempre liados, es difícil saber cuándo tendremos ese «minuto de oro» en el que nos dedicarán atención. Si en ese minuto enganchas, tendrás la oportunidad de explicarte. Así que, ¿qué habrá que hacer? Estar preparados y, cuando llegue el momento adecuado, «sacar la artillería» de tu superpropuesta, que para eso te la has trabajado.

Fase 2: El momento del cara a cara. Toca captar la atención, que nos dejen exponer la idea y convencer

Normalmente, si queremos un cambio es porque algo no va bien, y nos suele ganar la tentación de empezar comentando lo que pasa. ¡El error más frecuente que se ve en estos casos! Si ya llevas una solución y una idea poderosa, ¿para qué incordias con el problema? Para cuando quieras exponer la idea, tu jefe ya habrá cerrado las orejas desesperado pensando: «¡Ya estamos con los problemas!». Tú estás con unas ganas locas de que sepa tu triste historia y sea consciente de tus desventuras, pero es que, permíteme que te lo diga brutalmente: ¡no le importa! ¡No toca ni aporta nada empezar así! Esa es una mala estrategia que lo estropea todo.

Y hablo de «estrategia» porque, para influir arriba, ¿qué es lo único que tenemos? Nuestra capacidad de convencer, o mejor aún, de influir para que se convenza. No tenemos el poder de mandar ni de tomar la decisión, así que a influir bien de la mejor manera que podamos hacer, que es lo que toca.

Veamos los aspectos técnicos que tener en cuenta durante todo el planteamiento. Si te vienen a hacer una propuesta, a pedir algo, ¿cómo quieres que te lo cuenten? ¿Prefieres un largo sermón que ponga contexto histórico a los hechos con perspectiva multicultural de conjunto y detalles secundarios que tener en cuenta? ¡Ni de broma! ¿Verdad? Pues eso: sé breve, por favor, breve. No por caridad, sino por calidad. Al grano, tienes solo un minuto para que su llenísima mente diga: «¡Esto me interesa, sigue!».

¿En qué canal querrías que te lo contaran, en positivo-constructivo o negativo-problema? Pues ya sabes, todo en positivo, todo en términos de lo que hay que hacer y lo que solucionará.

Y los datos que se aporten, ¿cómo los quieres, en tablas farragosas supercompletas, pero largas e incomprensibles? Pues no. Clarito, clarito, cuanto más simple, mejor. No es momento para mostrar tu amplio conocimiento de la materia. No le importa, tampoco toca eso ahora.

Teniendo en cuenta todo lo anterior, procedemos a exponer. Pero antes, un tema fundamental para este encuentro: tener siempre presente el tercer paso. ¿Cómo le gusta sentirse al de arriba? Pues eso, arriba. Así que cuida tu entrada y tu tono. Si comienzas hablándole al jefe de forma que pueda caber la más mínima interpretación de cierta insolencia, o falta de humildad, o con tono vehemente en plan: «Jefe, tenemos que hacer esto, parece mentira que nadie vea que esto está así...», fácilmente puedes incumplir el mandato sagrado «No le toques las narices al jefe». Te han dado audiencia, entra con sumo respeto, deja que se sienta arriba, importante, y tú quédate en tu papel de leal colaboración que ofrece una buena idea para su gloria eterna. ¡Que venimos a influir y lograr un sí, recuerda!

Toca hablar. ¿Qué es lo primero que hay que decir para enganchar la mente del jefe? Pues ir a lo suyo, y ¿qué es lo que más les importa, lo que más les preocupa? Los resultados. Pues por ahí hay que empezar, para qué complicarse con rodeos. Así lo hizo Ana cuando volvió a intentarlo y triunfó. Esta vez cambió totalmente su discurso y siguiendo la estrategia ganadora comenzó diciendo:

—Hola, traigo una idea que puede darles dos millones de euros adicionales de ingresos en los próximos cuatro años y recuperar cuota de mercado estratégica para el futuro.

Me contó que todos se echaron hacia delante en la mesa de juntas, por un segundo se quedó parada ante tal atención lograda, y siguió exponiendo su cañón.

Arriba lo que importa son los resultados, si tienes algo que ayude a conseguirlos, tendrás su atención.

Pues a continuar con la estrategia ganadora, manteniendo siempre el criterio de que todo suene breve, positivo y claro, y las narices... ya sabes. Ahora corresponde demostrar cómo se logran esos resultados ofrecidos explicando el cambio o idea, con su coste y el retorno beneficioso que aporta. Aquí lo importante es no criticar lo que hay, evitar toda expresión del tipo «es que esto de ahora funciona mal» o «está desorganizado», etc. A lo que estamos: no cuestiones, no critiques lo que hay, solo propón tu solución y que se vea al final que, efectivamente, a nada que vaya medio bien la idea, se logran los resultados expuestos.

Ya hemos captado la atención, hemos mostrado cómo con X personas más, o con esa máquina nueva, o con ciertos cambios o inversiones, se ganará mucho, y todo breve y claro basado en datos concretos. Nada de «habrá muchas mejoras y podremos mejorar bastante». Hay que mojarse y hablar con cifras reconocibles, con ciencia, para obtener credibilidad: «Lograremos evitar como mínimo 120 de las incidencias que hubo el año pasado, y con eso conseguiremos ahorrar XXXX mil euros al mejorar los costes actuales asociados, y además obtendremos YYYY de ahorros extra por mantenimiento, que pasarán a ser de los WW euros actuales a ZZZ». El de arriba quiere datos, números, cifras.

Y ojo a cómo los presentas. No quiere oír hablar de gastar más, incrementar costes o complicarse. Por eso todo gasto hay que llevarlo a lo que se ganará:

«Alquilando el nuevo almacén ganamos cien mil euros anuales, porque cuesta cincuenta mil más, pero, como vemos, nos dará ciento cincuenta mil de incremento de beneficios, así que ganamos esos 100.000». Es decir, tu idea «no cuesta nada» porque muestras con datos y cifras simples que todo se recupera de sobra con la ganancia que aporta. Así debe plantearse y demostrarse cada inversión.

Ya tenemos a los de arriba deseando ese resultado, y bien sea por puro protagonismo, porque conocen su negocio, faltaría más, o porque les gusta más así, probablemente querrán dar su «toque» a tu idea, o incluso le darán la vuelta para hacerla a su manera. ¡Para, no ataques! Nadie está tirando abajo tu idea, la están haciendo suya, ¿y qué mejor socio que alguien de arriba? Hay que recordar que tu objetivo hoy no es lucirte ni quedar por encima del jefe, es sacar adelante lo máximo que puedas de la idea. Pues ya está, les das el gusto de que retoquen lo que quieran de tu idea y adelante, lo lograste.

Fase 3: Cierra la petición

¿Qué falta ahora? Ya estás donde querías, así que atrévete y cierra. Pide que autoricen el siguiente paso, que te dejen hacer una prueba, que te den el *ok* a comprar o contratar X; lo que sea que hayas propuesto, ¡ciérralo! Incluso si te dice el típico: «Está bien, lo hablo con tal y cual, y ya te diré algo», no dejes que se vaya con un compromiso tan difuso, atrévete a concretar: «Perfecto, ¿cuándo tendré una respuesta?». Y te den el plazo que te den, contesta: «Ok, si para entonces no tengo noticias, cuenta conmigo para recordártelo». Y así obtienes el permiso de insistir después, que los jefes se lían con otras cosas y lo tuyo se queda amontonado en su columna de pendientes. Es tu momento, así que, con buen rollo, pero a por todas.

Y si te dicen que no es el momento: «¿Cuándo les parece que podría ser?». Y si te dicen que no, sin más, pues con la mejor sonrisa se acepta y te despides con un «Encantado o encantada de que me hayan escuchado, seguiré proponiendo mejoras si les parece bien». A sumar posicionamiento para la próxima, que todo lo bien hecho suma.

Fase 4: ¡AIRE!

Has acabado tu exposición y has logrado cerrar algo, ¿qué toca ahora? Pues algo simple donde muchos lo estropean: ¡huye, lárgate! Has puesto al cerebro de tu jefe a pensar y ahora ve una idea interesante, y como te quedes la vas a liar. Aplica lo de las películas policíacas: «Cualquier palabra de más podrá ser utilizada en tu contra». Ya está, ¡aire! Vete. Si te quedas, pueden salirte con otra cosa, o pueden, de paso, pedirte algo o que amplíes el tema, o puede que te enrolles y molestes haciéndoles perder el tiempo.

Esta es una estrategia potente, casi infalible si es que se podía lograr lo pedido. Porque ni el más cenutrio de los jefes rechaza una buena aportación que le ayude a mejorar sus resultados. Y eso es lo que has presentado. Planteadas así, las cosas son tremendamente ganadoras. No significa que siempre nos vayan a decir que sí, pero lo conseguiremos muchas más veces; y, en cualquier caso, siempre quedaremos bien, porque no habremos criticado nada, solo habremos puesto mejoras encima de la mesa.

Sí, no me olvido, te debo algo, ¿recuerdas lo de las normas para la audiencia con el emir en el Generalife? Pues son estas, te aseguro que es lo que pone, no me lo estoy inventando:

Entra con compostura,
habla con ciencia,
sé breve en el decir
y márchate en paz.

¿No es impresionante? Está clavado. En mi traducción libre y comentada sería:

Entra con compostura, respeta y deja que se sienta arriba.
Habla con ciencia, ten todo pensado, preparado, con datos y soluciones.
Sé breve y claro,
pide y ¡lárgate!

Delicioso y formidable. Definitivamente ese visir era un *crack*.

OCTAVO PASO:

SABER DECIR SÍ Y DECIR NO

¿Cómo decir «no» arriba sin perder influencia? Siempre que digas «no» arriba vas a dar una respuesta que no quieren oír, por eso hay que hacerlo con delicadeza y sabiduría. Uno de los grandes pensadores hispanos escribió hace más de cuatrocientos años:

> «El sí y el no son cortos de decir,
> pero requieren mucho pensar».
> *El arte de la prudencia,*
> Baltasar Gracián, siglo XVI

Qué oportuno para esto de la influencia hacia arriba. Claro que se puede decir «no», pero en este caso requiere acompañarlo para que no suene a negación u oposición.

Se trata de «argumentar bien» el «no», no de dejarlo así sin más. Y ese argumento debe ser pensado, breve y coherente, de forma que tu jefe sea quien decida. Me explico. Imaginemos que tu jefe te pide que te encargues de algo, y físicamente no es posible que lo hagas porque no tienes tiempo, y, si lo aceptas, con seguridad le fallarás o en eso o en otras cosas que también te exige. Es una encrucijada y si dices que sí, salvas ese momento, pero te estrangulas y acabará mal cuando vea que no pudiste hacerlo bien todo. Por tanto, lo primero es evitar contestar en caliente. Una frase como: «Déjame que piense antes de comprometerme porque no te quiero fallar» es muy útil para ganar tiempo, aunque sean unos segundos para encontrar las palabras clave. Argumentas que es «para no fallarle», y eso le interesa. Vamos bien.

Si ves que va a ser posible atender todo lo que llevas si aceptas ese trabajo, viaje, tarea, responsabilidad, etc., la respuesta es dejar que tu jefe elija lo que prefiere; así será su decisión, sus noes, no el tuyo. Y la respuesta sería: «Jefe, estoy con esto, con esto y con esto otro que me has pedido y es importante que lo haga bien. Si acepto eso debo dejar algo, dime qué prefieres que retrase o aminore y así cumpliré con todo». Hay dos opciones: o ve todo lo que tienes y te indica qué dejar, solucionando el problema, o te presiona para que aceptes lo imposible.

Para esto es esencial tener presente la paradoja del prestigio profesional, ya que la realidad es diferente de la apariencia:

Es mejor saber decir «no», y llegar siempre hasta donde dices, que decir siempre que «sí» y llegar solo hasta donde pudiste.

Si caes en tu propia trampa y dices que sí para quedar bien o no complicarte en ese momento, prepárate para quedar fatal y complicarte mucho cuando luego no estén los resultados esperados a los que te comprometiste. Tu prestigio profesional quedará muy tocado.

Si haces el 80% de cien cosas, puede que pienses que estás al 120%, con total desbordamiento pero dándolo todo, una maravilla, pero la realidad es que para los demás eres el o la «menos 20%», quien nunca remata, a quien siempre le falta algo, quien se retrasa... En suma, mediocre o no fiable.

Mejor comprométete solo a las 80 cosas que es factible que realices, y hazlas al 100%, y atrévete a decir «no» a las otras 20 para garantizar que así sea. Pronto serás de los profesionales más cumplidores y fiables del equipo. Cuando digas «sí», cumple siempre tu «sí» con calidad, y así, cuando digas «no», todos sabrán que es porque no es posible, y pronto lo respetarán.

Debes ser muy firme en esto, y la filosofía es: «Yo cumplo siempre mis compromisos, y por eso si te digo que no a algo es para poder garantizarte el riguroso cumplimiento de aquello a lo que dije que sí».

Pues ya sabes, gana prestigio sabiendo elegir tus síes y despejando tus noes: «Jefe, no puedo asumir ese proyecto que me has pedido porque no podré hacerlo bien, me supondrá unos viajes y una dedicación extra que ahora mismo, por razones familiares, me es imposible permitirme y acabaría dejándote colgado o haciendo un trabajo insuficiente, y no te quiero fallar».

Puede que tu jefe se lleve un disgusto en ese momento, claro, porque no ha conseguido lo que quería, pero el instante pasará, y tu fiabilidad y sinceridad quedarán. Recuerda:

Hay momentos en los que es imposible influir bien y, en esas situaciones, con no influir mal, que no es poco, ya estás salvando bastante.

El «no» hacia arriba es siempre para poder cumplir y hay que decirlo con respeto, delicadeza y firmeza. Si aceptas lo que no podrás cumplir, serás cómplice del fallo y no valdrán excusas ni lamentos. Es preferible «jugársela» al principio con un «no» bien planteado que la evidencia irrefutable de no haber cumplido lo comprometido.

¿Y cómo actuar para influir lo mejor posible, o lo menos mal posible, cuando ves que no vas a poder alcanzar el resultado exigido? Esto es otra variante de saber decir «no». Muchas veces ves que no vas a poder cumplir el plazo acordado, o las ventas, o el funcionamiento del nuevo programa informático, etc. ¿Verdad que esto pasa? Bienvenidos al Club de los Profesionales, pasó, pasa y pasará, porque así es la vida de quienes asumimos tareas y objetivos.

Aquí me gusta compartir lo que llamo el concepto de: «Sí al "no" voy a llegar, no al "no" he llegado».

Si ves que no vas a alcanzar la meta, hay que tener la coherencia y la valentía leal de acudir arriba y plantear cuanto antes lo siguiente: «Jefe, no voy a llegar, esto está así y así, y te confirmo hoy que no llegamos, ¿qué hacemos?». El enfado por frustración de tu jefe podrá ser mucho o poco en ese momento, pero con toda seguridad siempre será infinitamente menor que el que se llevaría al final al ver que no llegaste, ¡y encima no dijiste nada antes! Entonces serán dos faltas graves y ya no tendrás tiempo de reacción, así que la que te caiga te la tendrás que tragar porque te la has buscado tú.

Compartir el «no voy a llegar» es leal, es trabajar en equipo, es buscar la ayuda del jefe, es tratar de salvar la situación lo mejor posible. Y aunque tu jefe se moleste en ese instante, lo hace por ver que no se llega; su enfado es contra la situación, no contra ti, que estás haciendo lo que profesionalmente debías hacer.

Ahora bien, callarse, esconderse, no decir nada y luego aparecer con un: «No he llegado, no está hecho, no ha dado tiempo...», eso sí que es descalificatorio y ya formas parte del incumplimiento. Cualquier justificación ahora ya es una excusa desleal y torpe.

Sé que esto es difícil, especialmente con jefes con mucho carácter o dureza, pero es una elección entre lo malo o lo peor. ¿Afrontamos con valor y profesionalidad el «mal rato de hoy», o me provoco un «mañana muchísimo peor»?

Por tanto, la gestión del «no» hacia arriba, y para prevenir tener que acabar con demasiados «no», tiene mucho que ver con la prudencia con la que decimos «sí».

Piensa bien el «sí» antes de comprometerte. Sé prudente con los plazos y los resultados. A menudo, por las prisas, la presión o por estar en caliente, decimos sin pensar «sí» al jefe o al cliente en lo que nos pide, e incluso nosotros mismos nos comprometemos en un plazo o un presupuesto asfixiante cuando nadie nos lo pedía.

Piensa antes de comprometerte. Mejor molestar un poquito al principio diciendo que sí, pero con un plazo más largo del que te piden, que luego ir con el penoso «no he llegado».

No se puede decir «sí» a todo al de arriba, porque acabarás fallando. Igual que no se puede dar siempre la razón. Dar siempre la razón al jefe es una forma de adular, y si bien a corto plazo puede funcionar, rara vez tiene verdadero peso en los jefes de nivel. Por supuesto que es enormemente útil con jefes mediocres o con los egocéntricos que se creen omnipotentes; a estos les encanta rodearse de gente que les adule y les sirva con sumisión. Los buenos profesionales somos honestos con nuestros «no», y somos valientes por lealtad al proyecto, al equipo y al propio jefe para decir que no cuando no se puede. Eso sí, diciéndolo bien y desde un posicionamiento impecable y bien trabajado, que para eso se tiene, para poder usarlo en estas ocasiones.

Y, por último, en esto del «sí», en la duda de si lo que propone o decide tu jefe es acertado o no, di que sí. Al fin y al cabo, es jefe, y debe tomar decisiones que no siempre coincidirán con lo que tú pensabas o preferías, así que, ante la duda, a apoyar y a sumar esfuerzos. Hay que saber elegir las batallas y no desgastarse cuando realmente no sabemos cómo hacerlo mejor o no tenemos una propuesta con mejores garantías que la que plantea el jefe; o cuando, simplemente, es una decisión que hay que admitir porque, te quejes lo que te quejes, es lo que hay. Así que, en esos casos, a influir bien para cuando sí puedas cambiar algo.

De modo que, cuando toque comerse un sapo y decir que sí a una decisión que no te gusta pero que has decidido asumir, continuar y no dimitir (vamos, que decides tragar), hazlo con gusto y con estilo. Basta con responder al jefe con buen tono: «Comprenderás que no me entusiasme esa decisión, pero adelante, jefe, cuenta conmigo». Ya que tragamos, pues que al menos puntúe.

NOVENO PASO:

CUMPLIR LAS EXPECTATIVAS DE TU JEFE, USAR EL COP

Muchas veces he visto, y seguro que también me ha pasado a mí, cómo buenos profesionales se afanaban en hacer todos sus trabajos con sumo detalle y entrega, unos con más profundidad y otros con lo justo que se necesitaba, y luego el conjunto no luce ni se valora el resultado porque falló en un aspecto que demasiadas veces descuidamos. ¿Qué esperaba exactamente mi jefe de esto o de mí?

Uno hace las cosas a su manera, entendiendo cómo uno mismo quiere hacerlo y cómo ordena las prioridades, qué cree que es más importante y qué no tanto, cómo debe entregarlo, cómo debe informar, y así todo lo que a uno le parece según «sus fantásticos» criterios. Y luego resulta, horror, que ni eso es lo que quería el jefe, ni lo quería así. ¡Menudo chasco!

¿Por qué pasa esto? Es cierto que puede ser hasta la obligación de tu jefe comunicarlo todo bien y dar las instrucciones lo más precisas posible para que vayamos alineados, pero aquí debemos hacer nuestra parte: y si tu jefe no te da toda la información para que te centres en lo que quiere, tocará averiguarla antes de hacer el ridículo después de haber trabajado un montón... ¡en lo que no era!

Cuando puedas, aclara sus expectativas, quizá en la reunión anual de objetivos o desempeño, quizá al revisar un proyecto o, mejor aún, cuando hayas hecho algo bien y tu jefe esté especialmente agradecido con tu trabajo. La pregunta de: «¿Qué esperas de mí?» que ya vimos anteriormente es muy valiosa para eso, y se puede y debe trasladar a cada tarea importante que te pidan: «¿Qué esperas exactamente de esto?, ¿cómo lo quieres?».

Como jefe, es frustrante que alguien del equipo te entregue una tarea en la que ha trabajado intensamente y comprobar que no es lo que esperabas, e incluso que a veces está muy lejos de lo solicitado; y en otras ocasiones, llega con un derroche de cosas superfluas innecesarias denotando una pérdida de tiempo descomunal para nada. «¿Es que no se entera de nada o qué?». Es más fácil que ese sea el pensamiento que surja en tu jefe que no un elevadísimo: «Debo comunicar mejor las cosas. Pobre, se ha perdido porque no me he explicado bien». Pues me temo que eso no es lo que va a pensar tu superior.

Entender la forma de trabajar de tu jefe, qué es lo que valora y cuáles son sus prioridades para poder alinearse con ellas es esencial para acertar. Y entre estas cosas está aclarar qué comunicación quiere, ya que de ahí provienen muchos conflictos y pérdidas de influencia.

Es esencial saber: qué quiere que le consultes o le cuentes antes de hacerlo, qué no quiere que le consultes antes pero sí que le informes después de hacerlo, qué información quiere recibir al día y sobre qué no quiere que le informes ni le compartas. Cada jefe es un mundo y entender eso te ahorrará muchas pérdidas de tiempo, de energía y de malos ratos, además de otorgarte muchos puntos por hacer las cosas como le gustan.

Y cuando el trabajo se acumula y te ves en la encrucijada de elegir, no te compliques, pide a tu jefe un COP. ¿Qué es eso? Un acrónimo que me inventé y que nos funciona admirablemente bien en el equipo cuando hay demasiados frentes a la vez: «Jefe, necesito que me Concretes Objetivos y Prioridades para ir alineados». Y va tu jefe y lo hace, y todos tan contentos. Usa el COP descaradamente y no confíes en tu intuición para adivinar cuál de las tareas es la que tu jefe necesita antes o no quiere que abandones. Sé simple y práctico.

DÉCIMO PASO:

LEALTAD ATREVIDA, SIN FALSOS COMPAÑERISMOS

Un aspecto que genera mucha decepción y hace perder muchos puntos de influencia sucede cuando surge un conflicto en el área o se descubre a alguien del equipo haciendo cosas indebidas graves, y al comentarlo y tratar de indagar al respecto con una persona del equipo a quien tenías como persona de confianza, te dice algo del tipo: «Ya lo veía hace tiempo, sabía que estaba pasando, pero, claro, no iba a decir algo yo de mis compañeros». Es como si a tu jefe le echaran un jarro de agua fría y la imagen confiable que tenía de ti se esfuma de repente.

Hay que aclarar cómo actuar bien en estos casos. Siempre me ha llamado la atención y me ha disgustado que «los malos compañeros» se hayan ocupado, desde que somos pequeños, de educarnos hacia el silenciamiento de sus maldades. Cuando iba al colegio, si algún estudiante denunciaba un abuso o un robo por parte de otro alumno de la clase, el abusón o ladrón se indignaba y conseguía que todo el grupo cayera sobre el inocente acusador convirtiéndole en el malo de la película y distrayendo la atención, y se cantaba: «Acusica Barrabás, al infierno te irás». ¡Al infierno, como si nada! Y el «malhechor» se quedaba tan campante. Y así «los malos» condicionaban de por vida a los buenos para que nos callemos y asumamos que está mal denunciar al compañero traidor o tóxico, aunque esté perjudicando a todos.

Sé que es un asunto sensible, pero hay que superar esto. Ya somos adultos y ya está bien de dejar que se aprovechen de nosotros los que menos deben. Si algo no se está haciendo bien y no se dice nada, ya hay dos que no están haciendo lo correcto. La primera persona lo hace por maldad, pero la segunda... por torpeza y falso compañerismo. O soy leal al equipo y, por tanto, a mi jefe, si es de los que hace las cosas bien, o estoy aliado con los malvados por mirar a otro lado. Lo siento, no se puede ser neutral.

Cuando veas malos comportamientos, malas acciones manifiestas y denunciables, acude al jefe que corresponda y, con mucha delicadeza, trasládale lo que está pasando. Hazlo por profesionalidad y por el bien común. Acusar a delincuentes y a quienes abusan no solo es una buena acción, es un derecho y un deber que tenemos la gente de bien. Y si hablamos de influir hacia arriba, no podemos permitirnos salir indemnes del bochorno cuando tu jefe se entere de que lo sabías y no dijiste nada.

CUANDO ERES TÚ QUIEN ESTÁ ARRIBA

Es posible que ya seas «jefe de alguien» y, por tanto, seas el o la de «arriba» de alguien. O puede que algún día te toque ser jefe. Cuando llegue ese momento, enseña a tu equipo a influir bien en ti, y recuerda los comportamientos erróneos y acertados que tuvieron tus jefes contigo para aprender de ellos, copiar los buenos y cambiar los malos.

Diles a tus subordinados qué esperas de cada uno de ellos, comunica bien lo que quieres, da *feedback* con respeto y precisión, forma, corrige y crea un equipo ganador. Un viejo refrán dice: «No pidas a quien pidió ni sirvas a quien sirvió», porque demasiadas veces quien sirvió, al hacerse jefe, «hace pagar» a su equipo todo lo que sufrió antes.

Ganarse el respeto y la autoridad del equipo por prestigio y buen hacer, sí, pero generar temor y miedo al jefe... ahí se nos ha ido la cosa de las manos. Cuando seas de los de arriba, ayuda a que no haya temores entre tus colaboradores directos, que nadie tema preguntar lo que no entendió, hacer una propuesta, dar una idea, pedir ayuda o, por ejemplo, decirte a tiempo: «Jefe, no voy a llegar».

Si alguna vez te molestas por un incumplimiento y al averiguar por qué ha pasado encuentras que la persona responsable de esa tarea no podía hacerla, no sabía hacerla o confundió las prioridades, evita reaccionar con vehemencia porque muy probablemente lo que ha pasado es que no se atrevió a preguntarte, o ni imaginaba que podía hacerlo. Hay mucha gente que da por sentado que al de arriba no se le puede preguntar. Vete a saber qué jefes o qué educación ha tenido. Y a esas personas acostumbradas a ir por libre sin que nadie les pusiera límites, para eso tienen jefe, para ser guiadas, para que puedan crecer como profesionales y para que les enseñes «cómo no tocarte las narices».

A pesar de la mala fama que tenemos los jefes, y de que a veces parezca que solo exigimos resultados sin más, siempre nos preocupamos mucho por que nuestros equipos estén bien, trabajen bien, tengan puestos dignos y un alto rendimiento en un entorno agradable. Seguro que nuestros jefes, en su mayoría, también están en las mismas, pero muchos terminan perdidos en el camino y acaban dirigiendo como buenamente pueden y saben.

Cuando veas reacciones no muy acertadas de tus jefes, recuerda que igual que no saben qué estás haciendo exactamente ni los problemas profesionales que tienes, y menos aún los personales, tú tampoco tienes ni idea de sus presiones, de lo que les acaba de pasar, del disgusto que les acaba de dar alguien del equipo, de lo que su propio jefe les acaba de soltar...

Y si tienes un jefe de los aceptables, a influir a tope; si es de los buenos, a aprovecharlo a tope; y si es de los malos, pues a aprovecharse al máximo.

Y cuando te toque a ti, recuerda esto:

Sé el jefe que te encantaría tener y no dejes que los disgustos y decepciones te hagan caer «en el lado oscuro» de la jefatura.

EPÍLOGO

Influir hacia arriba es un arte al alcance de quien quiera practicarlo, y en el mundo profesional es más una obligación, una faceta más para llegar a ser buenos trabajadores. Necesitamos la energía de todos, las ideas de todos, buenos ambientes de trabajo, alto rendimiento y felicidad en nuestras vidas de empresa, y sabiendo influir mejor hacia arriba ayudamos a que eso ocurra.

Tienes ya todos los secretos para lograr estar entre los grandes *influencers* de tus jefes, capaces de lograr lo que muchos no consiguen para el bien del equipo, de la empresa, tuyo y hasta de tu propio jefe. Abandonar tu 50% del asunto esperando que sea el 50% del de arriba quien haga todo el trabajo no funciona. Tu parte es mucho más poderosa de lo que imaginas y debes ganarte la recomendación y el prestigio de tus jefes como excelente profesional, capaz de cuestionarlo todo, de cambiar lo que no está bien siempre desde la propuesta y la construcción, con formas impecables, dominio de los pasos y logrando el respeto de los de arriba hasta el punto de que si le dices a tu jefe: «Hay un tema que me preocupa, jefe, ya te lo contaré», seas de los que les dejas la noche sin dormir, porque si lo dices tú, seguro que es importante.

Y antes de despedirme, venga, un último consejo para influir bien hacia arriba y no desgastar prestigio inútilmente. He visto una y otra vez cómo los equipos se quejaban desesperados durante todo el año de unos objetivos imposibles, de tareas tediosas o complejas que tenían que hacer, y se oyen exclamaciones como: «Es que es muy difícil, es que está muy complicado, es que estos objetivos no hay quien los alcance...», y tras tanta monserga, luego van, al final, de mala gana, ¡y los consiguen!

Y digo yo, si lo podías hacer, si al final lo vas a hacer, ¿por qué has «tocado tanto las narices» por el camino quejándote una y otra vez? Así no hay quien gane influencia.

Ahí va el último criterio de la buena influencia hacia arriba:

Si al final lo vas a hacer, ¡pues calla y hazlo de una vez!

DESPEDIDA

Espero que este libro te haya resultado útil. Con una sola idea que vayas a aplicar me doy por satisfecho. Estaré encantado de recibir tus comentarios en influirarriba@ottowalter.com Disfruta del camino y recuerda que la capacidad de influir más y mejor en tus jefes no está arriba, está en ti.